KB021189

Foreign Copyright:
Joonwon Lee Mobile: 82-10-4624-6629

Address: 3F, 127, Yanghwa-ro, Mapo-gu, Seoul, Republic of Korea 3rd Floor
Telephone: 82-2-3142-4151
E-mail: jwlee@cyber.co.kr

옥효진 선생님의 매일매일 문해력 왕 ①

2024. 6. 17. 초 판 1쇄 인쇄
2024. 6. 26. 초 판 1쇄 발행

지은이 | 옥효진
그 림 | 신경영
펴낸이 | 최한숙
펴낸곳 | BM 성안북스
주 소 | 04032 서울시 마포구 양화로 127 첨단빌딩 3층(출판기획 R&D 센터)
         10881 경기도 파주시 문발로 112 파주 출판 문화도시 (제작 및 물류)
전 화 | 02) 3142- 0036
         031) 950- 6300
팩 스 | 031) 955- 0510
등 록 | 1973. 2. 1. 제406-2005-000046호
출판사 홈페이지 | www.cyber.co.kr
이메일 문의 | smkim@cyber.co.kr
ISBN | 978-89-7067-444-5 (64710) / 978-89-7067-443-8 (set)
정 가 | 12,800원

이 책을 만든 사람들
총괄 · 진행 | 김상민
기획 | 북케어
본문 · 표지 디자인 | 정유정
홍보 | 김계향, 임진성, 김주승
국제부 | 이선민, 조혜란
마케팅 | 구본철, 차정욱, 오영일, 나진호, 강호묵
마케팅 지원 | 장상범
제작 | 김유석

이 책의 어느 부분도 저작권자나 BM 성안북스 발행인의 승인 문서 없이 일부 또는 전부를 사진 복사나 디스크 복사 및 기타 정보 재생 시스템을 비롯하여 현재 알려지거나 향후 발명될 어떤 전기적, 기계적 또는 다른 수단을 통해 복사하거나 재생하거나 이용할 수 없음.

■ **도서 A/S 안내**

성안당에서 발행하는 모든 도서는 저자와 출판사, 그리고 독자가 함께 만들어 나갑니다.
좋은 책을 펴내기 위해 많은 노력을 기울이고 있습니다. 혹시라도 내용상의 오류나 오탈자 등이 발견되면 **"좋은 책은 나라의 보배"**로서 우리 모두가 함께 만들어 간다는 마음으로 연락주시기 바랍니다. 수정 보완하여 더 나은 책이 되도록 최선을 다하겠습니다.
성안당은 늘 독자 여러분들의 소중한 의견을 기다리고 있습니다. 좋은 의견을 보내주시는 분께는 성안당 쇼핑몰의 포인트(3,000포인트)를 적립해 드립니다.
잘못 만들어진 책이나 부록 등이 파손된 경우에는 교환해 드립니다.

평생 문해력을 만드는 하루 네 장 공부 습관!

옥효진 선생님의 매일매일 문해력 왕 ①

1교시 : 나와 친구

2교시 : 몸과 얼굴

3교시 : 동작과 표현

4교시 : 마음과 성격

BM 성안북스

　우리는 하루 동안 수없이 많은 말을 들어요. 엄마, 아빠가 나에게 해 주시는 말들, 학교에서 쉬는 시간 동안 친구들과 나누는 말, 선생님이 수업 시간에 해 주시는 설명들, 만화나 영화 같은 영상 속 등장인물들이 하는 말들을 듣죠. 또, 수없이 많은 글을 읽고 있어요. 재미있는 이야기책 속의 글들, 교과서에 적혀 있는 글들, 길을 걸어가며 보이는 안내문과 간판들. 우리는 말과 글에 둘러싸여 살아가고 있다고 할 수 있는 거죠. 그런데 여러분은 여러분이 보고 듣는 것들을 얼마나 이해하고 있나요? 말을 듣는다고 모든 말을 이해하는 것은 아니에요. 글을 읽는다고 모든 글을 이해하는 것도 아니죠.

　우리가 듣는 말과 읽는 글을 이해하기 위해서는 문해력이 필요해요. 문해력이란 내가 읽는 글, 내가 쓰는 글, 내가 듣는 말, 내가 하는 말의 뜻을 이해하고 내 것으로 만드는 능력이에요. 여러분이 읽게 될 교과서 속 글들도, 수업 시간에 선생님이 하는 말씀도, 갖고 싶었던 장난감의 설명서를 읽고 장난감을 사용하는 것도

이 문해력 없이는 어려운 일이에요. 문해력이 있어야 여러분이 보고 듣는 것을 이해할 수 있죠. 다시 말하자면 문해력이 점점 자랄수록 여러분이 경험하고 이해할 수 있는 세상이 점점 넓어지는 것이랍니다.

그래서 문해력을 어릴 적부터 기르는 게 중요해요. 하지만 문해력은 글자를 읽고 쓸 줄 안다고 저절로 생기는 것은 아니에요. 많은 글을 읽으면서 글이 어떻게 쓰여 있는지, 이 글에 담겨 있는 뜻은 무엇인지를 이해하는 연습을 해야 해요. 유명한 운동선수가 매일매일 꾸준히 연습하고, 훈련을 하는 것처럼 말이에요. 오늘부터 선생님과 함께 매일매일 문해력을 기르는 연습을 해 보는 건 어떨까요? 여러분도 모르는 사이에 여러분이 문해력 왕이 되어 있을지도 몰라요. 그만큼 세상을 보는 여러분의 눈도 쑥쑥 자라 있겠죠.

이 책을 통해 여러분들의 문해력이 쑥쑥 자라나기를 바라요. 그리고 쑥쑥 자라난 문해력으로 이제 막 세상에 발걸음을 떼기 시작하는 여러분이 볼 수 있는 세상이 넓어지기를 바랍니다.

옥효진 선생님

5

QR 코드를 찍어
이 책을 보는 법을
영상으로 만나 보세요!

초등 교과 전체에서 핵심 주제를 뽑아 어휘, 문법, 독해, 한자까지 익힐 수 있도록 일주일 프로그램으로 구성했습니다.

주제와 관련된 기본 어휘의 이해를 돕는 그림과 함께 익힐 수 있습니다.

주제와 관련된 기본 어휘인 명사, 동사, 형용사를 배웁니다.

주제와 관련된 의성어, 의태어를 배웁니다.

낱말 확장은 물론 속담, 관용어까지 배웁니다.

주제와 관련된 속담과 관용어를 익힙니다.

헷갈리기 쉬운 말, 잘못 쓰기 쉬운 말, 유의어, 반의어, 다의어, 동형어, 고유어, 외래어 등의 확장 낱말을 익힙니다.

7급, 8급 수준의 한자에서 추출한 문해력 핵심 한자를 배웁니다.

한 주에 1개의 핵심 한자와 연관된 한자어 5개를 학습합니다.

그림과 예시글을 통해 한자 사용의 이해를 높였습니다.

직접 써 보는 공간도 마련했습니다.

짧은 문장으로 시작해서 긴 문단 독해까지 독해력이 성장할 수 있도록 구성했습니다.

어순, 접속 부사, 종결형 문장, 시제, 높임말, 예사말, 피동, 사동, 부정 등을 익힐 수 있도록 했습니다.

주제와 관련된 확장 어휘를 사용하여 한 문장~세 문장 독해까지 완성된 문장을 만들 수 있도록 했습니다.

우화나 동화(문학), 생활에서 사용되는 지식글(비문학) 등 초등 교과에 담긴 12갈래 형식의 글을 통해 문제를 풀고 익힙니다.

※ 수학 개념을 적용한 문제까지 마련했습니다.

확인 학습을 통해 일주일간 학습한 내용을 복습합니다.

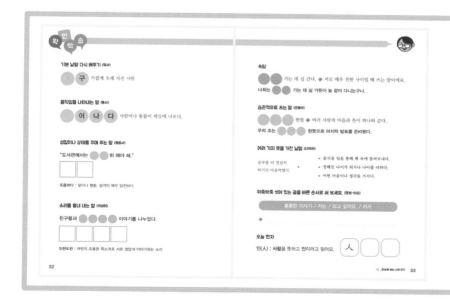

한 주간 배운 내용 중 핵심이 되는 내용을 추렸습니다.

일주일 안에 복습하는 공간을 만들어 학습한 내용을 장기 기억으로 저장할 수 있도록 했습니다.

목 차

1주

한눈에 보는 나와 친구

1일 명사 ⋯⋯⋯⋯ 12

동사 ⋯⋯⋯⋯ 14

형용사 ⋯⋯⋯⋯ 15

2일 문장 독해 ⋯⋯⋯⋯ 16

의성어 의태어 ⋯⋯⋯⋯ 19

3일 속담과 관용어 ⋯⋯⋯⋯ 20

낱말 확장 ⋯⋯⋯⋯ 22

문법 ⋯⋯⋯⋯ 23

4일 한 문단 독해 1 (우화, 동화) ⋯ 24

한 문단 독해 2 (지식글) ⋯⋯ 26

5일 오늘 한자 ⋯⋯⋯⋯ 28

확인 학습 ⋯⋯⋯⋯ 32

2주

한눈에 보는 몸과 얼굴

1일 명사 ⋯⋯⋯⋯ 36

동사 ⋯⋯⋯⋯ 38

형용사 ⋯⋯⋯⋯ 39

2일 문장 독해 ⋯⋯⋯⋯ 40

의성어 의태어 ⋯⋯⋯⋯ 43

3일 속담과 관용어 ⋯⋯⋯⋯ 44

낱말 확장 ⋯⋯⋯⋯ 46

문법 ⋯⋯⋯⋯ 47

4일 한 문단 독해 1 (우화, 동화) ⋯ 48

한 문단 독해 2 (지식글) ⋯⋯ 50

5일 오늘 한자 ⋯⋯⋯⋯ 52

확인 학습 ⋯⋯⋯⋯ 56

3주

한눈에 보는 동작과 표현

1일
명사 ·········· 60
동사 ·········· 62
형용사 ·········· 63

2일
문장 독해 ·········· 64
의성어 의태어 ·········· 67

3일
속담과 관용어 ·········· 68
낱말 확장 ·········· 70
문법 ·········· 71

4일
한 문단 독해 1 (우화, 동화) ··· 72
한 문단 독해 2 (지식글) ·········· 74

5일
오늘 한자 ·········· 76

확인 학습 ·········· 80

4주

한눈에 보는 마음과 성격

1일
명사 ·········· 84
동사 ·········· 86
형용사 ·········· 87

2일
문장 독해 ·········· 88
의성어 의태어 ·········· 91

3일
속담과 관용어 ·········· 92
낱말 확장 ·········· 94
문법 ·········· 95

4일
한 문단 독해 1 (우화, 동화) ··· 96
한 문단 독해 2 (지식글) ·········· 98

5일
오늘 한자 ·········· 100

확인 학습 ·········· 104

정답 ·········· 106

1주

한눈에 보는
나와 친구

| 나 | 너 | 우리 | 여자 | 남자 | 이름 |
| 나이 | 친구 | 놀이 | 우정 | 생일 | 관계 |

이름 사람의 성 아래에 붙여 다른 사람과 구별하여 부르는 말

나이 사람이나 동물, 식물이 세상에 나서 살아온 햇수

친구 가깝게 오래 사귄 사람

우리 자기와 듣는 사람이나 자기와 듣는 사람을 포함한 여러 사람을 가리키는 말

우정 친구 사이에 아주 가깝게 느끼는 마음

생일 세상에 태어난 날

나와 친구를 나타내는 말을 알아봅시다. (동사)

좋아하다	싫어하다	태어나다	소개하다	놀다
싸우다	화해하다	사귀다	이야기하다	약속하다

좋아하다   좋은 느낌을 가지다.

태어나다   사람이나 동물이 세상에 나오다.

소개하다   모르는 사이에서 서로 알고 지내도록 알려 주다.

싸우다   서로 이기려고 하다.

화해하다   싸우던 것을 멈추고 안 좋은 마음을 없애다.

사귀다   서로 얼굴을 익히고 친하게 지내다.

 나와 친구는 각각 어떤 일을 하는지 따라 써 보세요.

좋아하다

싫어하다

사귀다

태어나다

놀다

약속하다

나와 친구의 성질이나 상태를 꾸며 주는 말을 알아봅시다. (형용사)

크다   길이, 넓이, 높이, 부피가 보통을 넘다.

작다   길이, 넓이, 부피가 보통보다 덜하다.

조용하다   말이나 행동, 성격이 매우 얌전하다.

시끄럽다   듣기 싫게 소리가 계속 나다.

즐겁다   만족스럽고 기쁘다.

재미있다   신나고 좋은 기분이다.

어떤 말이 들어가야 할까요?

큰   **재미있**   **작**   **조용**

- 우리 반에서 키가 제일   친구는 철수이다.

- 나는 글씨를 깨알만큼   게 쓴다.

- "도서관에서는   히 해야 해."

- "만화는 언제 봐도   구나!"

한 문장 독해 _ 한 문장으로 된 글을 읽고, 물음에 답하세요.

나는 무지개 초등학교 1학년 3반 김지훈이다.

1. 나는 몇 학년 몇 반인지 쓰세요.

....

나는 친구와 학교 앞에서 만나기로 약속했다.

2. 나는 친구와 무엇을 했나요?

놀이 / 약속 / 싸움

나는 친구들과 놀이터에서 숨바꼭질을 했다.

3. 나는 무엇을 했나요?

술래잡기 / 구슬치기 / 숨바꼭질

두 문장 독해 _ 두 문장으로 된 글을 읽고, 물음에 답하세요.

> 오늘은 내 생일이다.
> 나는 친구에게 생일 선물로 강아지 인형을 받았다.

1. 나는 생일 선물로 무엇을 받았는지 쓰세요.

....

> "지훈아, 너 어제 민수랑 싸웠어?"
> "응. 그런데 조금 전에 화해했어."

2. 오늘 지훈이가 한 일은 무엇인가요?

> 싸움 / 화해 / 장난 / 약속

> 새 학년이 되어 여러 친구를 사귀게 되었다.
> 첫 수업 시간에 서로서로 소개하며 즐겁게 지냈다.

3. 새 학년이 되어 무엇을 했나요?

> 여러 친구와 사귀게 되었다.
> 공부를 열심히 했다.
> 운동장에서 재미있게 놀았다.

세 문장 독해 _ 세 문장으로 된 글을 읽고, 물음에 답하세요.

내 별명은 '냥냥이'인데, 눈이 고양이를 닮았다며 친구들이 붙여 준 별명이다.
어떤 별명은 기분이 나쁠 수도 있으니까 부를 때 조심해야 한다.
한 친구가 키가 큰 민수를 '곰'이라고 불렀다가, 싸울 뻔했던 일도 있었다.

1. 내 별명은 무엇인가요?

....

2. 별명을 부를 때 조심해야 하는 이유는 무엇인가요?

....

3. 한 친구가 민수를 '곰'이라고 불렀다가 어떻게 될 뻔했나요?

....

소리를 흉내 내는 말 (의성어)

• 놀이터에서 다 같이  놀았어요.

와글와글 : 한곳에 많이 모여 계속 떠들거나 움직이는 소리

• 친구들과 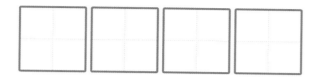 이야기를 나누었다.

도란도란 : 여럿이 조용한 목소리로 서로 정답게 이야기하는 소리

• 동생이 장난을 치고 나서 웃었어요.

키득키득 : 참지 못하고 입속에서 자꾸 새어 나오는 웃음소리

• 내 비밀을 단짝에게만 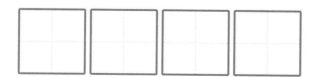 말해 주었어요.

소곤소곤 : 남이 알아듣지 못하도록 작은 목소리로 가만가만 이야기하는 소리

나와 친구 _ 관계있는 속담

세 살 적 버릇이 여든까지 간다.

어릴 때부터 나쁜 버릇이 들지 않도록 조심하라는 뜻이에요.

세 살 적 버릇이
여든까지 간다고 하니,
지금부터 음식을 흘리지 않고
먹도록 노력하자!

바늘 가는 데 실 간다.

서로 매우 친한 사이일 때 쓰는 말이에요.

너희는 바늘 가는 데
실 가듯이 늘 같이 다니는구나.

20

나와 친구 _ 관계있는 습관적으로 쓰는 말 (관용어)

너 나 할 것 없이

누구나 모두

우리는 너 나 할 것 없이
노래를 따라 불렀다.

한마음 한뜻

여러 사람의 마음과 뜻이 하나와 같다.

우리 조는 한마음 한뜻으로
마지막 발표를 준비했다.

여러 가지 뜻을 가진 낱말 (다의어)

1 먹다

음식을
입을 통해 배 속에
들여보내다.

2 먹다

정해진 나이가
되거나 나이를
더하다.

3 먹다

어떤 마음이나
생각을 가지다.

● **어떤 '먹다'인지 번호를 써 보세요.**

나는 세 살 먹은 동생이 있다.

공부를 더 열심히 하기로 마음먹었다.

간식을 먹고서 태권도 학원에 가야겠다.

22

뒤죽박죽 섞여 있는 글을 바른 순서로 써 보세요. (문법-어순)

훌륭한 의사가 / 저는 / 되고 싶어요. / 커서

➜ ....

10월 10일이다. / 생일은 / 가장 친한 / 친구의

➜ ....

놀았다. / 나는 친구들과 / 놀이터에서 / 그네가 있는

➜ ....

책을 읽는다. / 재미있는 / 매일 한 시간씩 / 나는

➜ ....

다음 글을 읽고, 물음에 답하세요.

> 깊고 깊은 산속, 혼자 사시는 할아버지는 늘 외로웠어요.
>
> "이 산속은 참 심심해. 같이 이야기 나눌 친구가 있다면 얼마나 좋을까?"
>
> 할아버지는 어두워진 창밖을 바라보며 중얼거렸지요.
>
> 그때였어요.
>
> 저벅저벅, 바스락바스락.
>
> 저 멀리서 누군가 낙엽을 밟으며 걸어오는 소리가 들렸어요.
>
> '밤에 누구일까?'
>
> "거기 누구요? 누가 우리 집에 찾아오셨소?"
>
> 하지만 창밖은 너무 어두컴컴해서 아무것도 보이지 않았어요.
>
>

1 할아버지가 살고 계신 곳은 어디인가요?

① 바닷가 어느 마을　　　② 깊고 깊은 산속

③ 농사짓는 마을　　　　④ 푸른 초원

2 할아버지는 왜 외롭고 심심하셨을까요?

① 친구들이 많으셔서　　② 강아지만 있어서

③ 혼자 사셔서　　　　　④ 가족이 많아서

3 '어둡고 컴컴하다.'라는 뜻으로 아무것도 보이지 않는 창밖을 어떻게 나타냈나요?

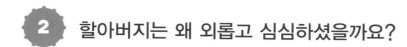
창밖은 너무 ●●●● 해서 아무것도 보이지 않았어요.

하다.

다음 글을 읽고, 물음에 답하세요.

나는 작은 거북이 한 마리를 키우고 있다.

이름은 '부기'이다.

키우던 햄스터가 하늘나라에 간 뒤, 슬픔에 빠졌었다.

그래서 햄스터보다 더 오래 사는 **반려동물**을 알아봤고, 장수 동물로 대표적인 거북이를 키우게 된 것이다.

100년씩 살기도 하는 바다거북만큼 오래 살지는 않지만, 집에서 키우는 소형 거북이도 20년 정도 산다고 하니 오래오래 내 곁에서 함께 있을 것이다.

내 동생 '부기'야, 사랑해!

반려동물 : 개, 고양이, 새처럼 사람이 정을 주며 가까이 두고 기르는 동물을 말해요.

1 내가 지금 키우고 있는 반려동물은 무엇인가요?

① 강아지   ② 바다거북

③ 고양이   ④ 소형 거북이

2 반려동물로 키우는 소형 거북이의 수명은 어느 정도 되나요?

① 약 100년   ② 약 3년

③ 약 20년   ④ 약 19년

3 바다거북은 소형 거북이보다 평균적으로 얼마나 더 오래 살까요?

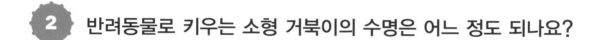

바다거북 평균 수명 100년 − 소형 거북이의 평균 수명 20년

100년 − 20년 = [ ] 년

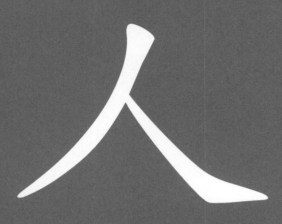

人

인(人)

사람을 뜻하고
인이라고 읽어요.

 다음 낱말을 큰 소리로 읽어 보세요.

등장인물   주인공

위인   노인   인간

28

이 글자는 사람이 서 있는 모양이에요.

모양	뜻	소리
人	사람	인

쓰는 순서와 쓰기

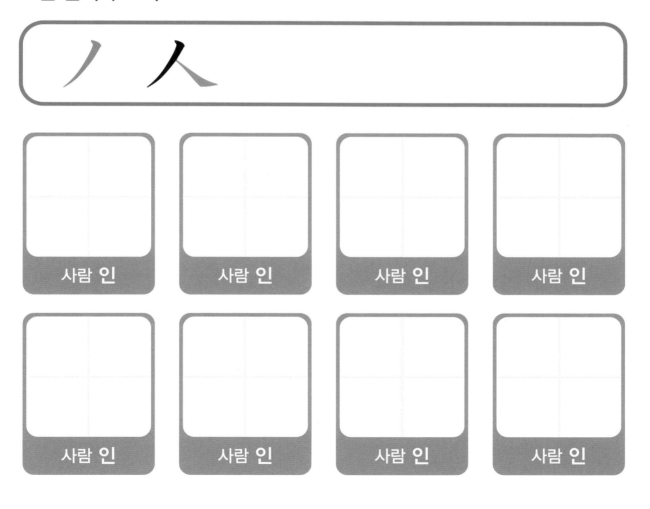

ノ 人

사람 인	사람 인	사람 인	사람 인
사람 인	사람 인	사람 인	사람 인

낱말에 인(人)이 숨어 있으면, 그 낱말에는 '사람'의 뜻이 들어 있어요.

낱말에 똑같이 들어 있는 글자에 동그라미 하세요.	낱말에 숨어 있는 같은 한자에 동그라미 하세요.
등장인물	등장人물 연극, 영화, 소설에 나오는 사람
주인공	주人공 연극, 영화, 소설에서 일어나는 일의 중심이 되는 사람
위인	위人 뛰어나고 훌륭한 사람
노인	노人 나이가 많은 사람
인간	人간 생각하고, 언어를 사용하며, 도구를 만들어 쓰고, 사회를 이루어 사는 동물

공통 글자는 무엇인지 써 보세요.	공통 한자는 무엇인지 써 보세요.

사람 인(人)이 숨어 있는 낱말에 동그라미 하고 써 보세요. (5개)

동화나 연극의 여러 등장인물 중에서 주인공 역을 하는 것은 멋진 일이다. 위인이 되어 앞장서서 나라를 구하기도 하고, 지혜로운 노인의 모습으로 사람들을 이끌기도 할 테니 말이다. 인간의 특별한 삶을 살아 볼 수 있어서 즐거울 것 같다.

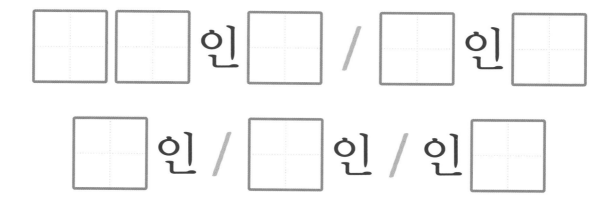

기본 낱말 다시 배우기 (명사)

 가깝게 오래 사귄 사람

움직임을 나타내는 말 (동사)

 사람이나 동물이 세상에 나오다.

성질이나 상태를 꾸며 주는 말 (형용사)

"도서관에서는  히 해야 해."

조용하다 : 말이나 행동, 성격이 매우 얌전하다.

소리를 흉내 내는 말 (의성어)

친구들과 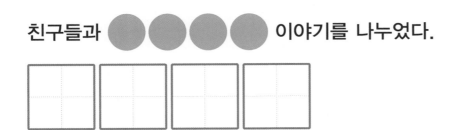 이야기를 나누었다.

도란도란 : 여럿이 조용한 목소리로 서로 정답게 이야기하는 소리

속담

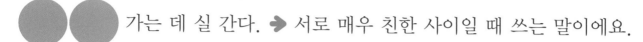

○ ○ 가는 데 실 간다. ➡ 서로 매우 친한 사이일 때 쓰는 말이에요.

너희는 ○ ○ 가는 데 실 가듯이 늘 같이 다니는구나.

습관적으로 쓰는 말 (관용어)

○ ○ ○ 한뜻 ➡ 여러 사람의 마음과 뜻이 하나와 같다.

우리 조는 ○ ○ ○ 한뜻으로 마지막 발표를 준비했다.

여러 가지 뜻을 가진 낱말 (다의어)

공부를 더 열심히
하기로 마음먹었다.

• 음식을 입을 통해 배 속에 들여보내다.

• 정해진 나이가 되거나 나이를 더하다.

• 어떤 마음이나 생각을 가지다.

뒤죽박죽 섞여 있는 글을 바른 순서로 써 보세요. (문법-어순)

훌륭한 의사가 / 저는 / 되고 싶어요. / 커서

➡ ....

오늘 한자

인(人) : **사람**을 뜻하고 **인**이라고 읽어요.

한눈에 보는
몸과 얼굴

얼굴 머리 눈 귀 코 입 목 어깨 가슴
배 배꼽 손 무릎 다리 발 뒤통수 등
팔꿈치 허리 엉덩이 손톱 손등 손가락
손바닥 발톱 발등 발가락 발바닥

눈	보는 것을 하는 몸의 부분

귀	듣는 것을 하는 몸의 부분

손	무엇을 만지거나 잡거나 하는 몸의 부분

다리	서고 걷고 뛰는 일을 하는 몸의 부분

몸과 얼굴을 나타내는 말을 알아봅시다. (동사)

앉다	서다	걷다	기다	찡그리다
보다	듣다	잡다	들다	맡다

서다   발을 땅에 대고 다리를 뻗으며 몸을 곧게 하다.

찡그리다   얼굴이나 두 눈썹 사이를 우그러지게 하다.

듣다   사람이나 동물이 귀를 통해 소리를 알아차리다.

잡다   손으로 움키고 놓지 않다.

들다   아래에 있는 것을 위로 올리다.

맡다   코로 냄새를 느끼다.

 손과 다리는 각각 어떤 일을 하는지 따라 써 보세요.

잡다

들다

기다

앉다

서다

걷다

몸의 성질이나 상태를 꾸며 주는 말을 알아봅시다. (형용사)

가볍다	무게가 보통보다 적다.
무겁다	무게가 나가는 정도가 크다.
날씬하다	키가 크고 몸이 가늘다.
뚱뚱하다	살이 쪄서 몸이 옆으로 퍼진 듯하다.
게으르다	느리고 움직이거나 일하기를 싫어하다.
부지런하다	일을 미루지 않고 꾸준하게 열심히 한다.

 어떤 말이 들어가야 할까요?

부지런   무거   가벼   게으르

• 책을 몇 권 빼니 가방이 ⬜⬜⬜⬜ 워졌다.

• "짐이 ⬜⬜⬜⬜ 우니까 함께 들자."

• "그렇게 ⬜⬜⬜⬜ 게 있지 말고 얼른 숙제하렴."

• ⬜⬜⬜⬜ 한 형은 우리 집에서 제일 먼저 일어난다.

한 문장 독해 _ 한 문장으로 된 글을 읽고, 물음에 답하세요.

나는 교실에서 맨 앞줄에 앉는다.

1. 나는 교실의 어디에 앉는지 쓰세요.

나는 안경을 쓰면 칠판 글씨가 훨씬 잘 보인다.

2. 나는 무엇을 쓰나요?

모자 / 장갑 / 안경

우리 형은 힘이 세서 무거운 짐도 잘 든다.

3. 형은 무슨 일을 했나요?

무거운 짐을 들었다. / 무거운 짐을 버렸다. / 무거운 짐을 치웠다.

두 문장 독해 _ 두 문장으로 된 글을 읽고, 물음에 답하세요.

> 사촌 동생은 아기라서 기어다닌다.
> 가끔은 일어서서 한두 발짝 걷기도 한다.

1. 아기라서 기어다니는 사람은 누구인지 쓰세요.

....

> "지수야, 같이 음악 들을래?"
> "그래. 요즘 인기 있는 노래 듣자."

2. 나와 지수가 하려는 것은 무엇인가요?

> 음악 듣기 / 그림 그리기 / 춤 추기

> 나는 친구들과 놀다가 미끄럼틀에 이마를 부딪쳤다.
> 아파서 얼굴을 찡그렸지만 울지는 않았다.

3. 나는 아파서 어떻게 했나요?

> 많이 울었다.
> 얼굴을 찡그렸다.
> 그냥 놀았다.

나는 엄마와 꽃 가게에 갔는데 알록달록한 꽃들을 보니 기분까지 좋아졌다.
게다가 다양하고 향기로운 꽃향기까지 맡을 수 있었다.
꽃 가게 가운데에 서 있으니, 마치 꽃밭으로 산책을 나온 것 같았다.

1. 나는 꽃 가게에서 무엇을 보았나요?

....

2. 나는 꽃 가게에서 무슨 향기를 맡았나요?

....

3. 꽃 가게에 서 있으면 어디로 산책을 나온 것 같았나요?

....

모양을 흉내 내는 말 (의태어)

• 오빠가 고개를 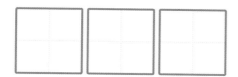 기울였다.

갸우뚱 : 물체가 한쪽으로 약간 갸울어지는 모양

• 누나는 고개를 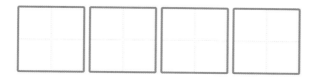하며 알았다고 했다.

끄덕끄덕 : 고개를 아래위로 가볍게 계속 움직이는 모양

• 귀를 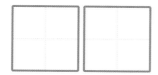 세우고 음악 소리에 귀를 기울였다.

쫑긋 : 입술이나 귀를 빳빳하게 세우거나 뾰족이 내미는 모양

• 동생은 천둥소리에 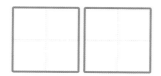 놀란 얼굴이 되었어요.

깜짝 : 갑자기 놀라는 모양

몸과 얼굴 _ 관계있는 속담

손 안 대고 코 풀기

일을 힘 안 들이고 쉽게 한다는 말이에요.

로봇 청소기가 있으니,
청소는 손 안 대고 코 풀기인걸.

웃는 얼굴에 침 못 뱉는다.

좋게 대하는 사람에게 나쁘게 할 수 없다는 뜻이에요.

웃는 얼굴에 침 못 뱉는다더니,
저렇게 웃고 있으니
혼내질 못하겠어.

몸과 얼굴 _ 관계있는 습관적으로 쓰는 말 (관용어)

손에 잡힐 듯하다.

가깝고 또렷하게 보이다.

산꼭대기에 서니
구름이 손에 잡힐 듯해!

코가 납작해지다.

몹시 창피하고 부끄러워지다.

우리 힘을 합쳐
상대 팀의 코를
납작하게 해 주자!

글자만 같은 서로 다른 낱말 (동형어)

1
배

2
배

3
배

사람이나 동물의
몸에서 가슴과
엉덩이 사이

배나무의 열매

사람이나 짐을
싣고 물 위로
떠다니도록
만든 물건

● 어떤 '배'인지 번호를 써 보세요.

"배에 힘을 주고 크게 소리쳐 봐!"

배를 타고 제주도에 가는 건 처음이다.

배가 정말 시원하고 달콤하다.

'못'을 사용하여 밑줄 친 부분을 고쳐 써 보세요. (문법-부정 표현)

> **못 부정문**은 상황이 안 돼서 할 수 없거나, 하고 싶지만 내 힘으로
> 할 수 없을 때 사용하는 부정 표현이에요.
>
> ➜ 감기에 걸려서 학교에 **못** 갔다.

2주
3일

나는 어제 다리를 다쳐서 친구를 <u>만났다</u>.

➜ ....

"배탈이 나서 밥을 <u>먹었더니</u> 배가 고파."

➜ ....

"입술을 다쳐서 크게 웃지 <u>하겠어</u>."

➜ ....

"장미꽃의 가시 때문에 손으로 <u>잡겠어요</u>."

➜ ....

다음 글을 읽고, 물음에 답하세요.

> "이 목소리는 우리 엄마가 아니에요. 엄마 목소리는 가늘고 고와요."
>
> 당황한 호랑이는 **걸걸한** 목소리를 가다듬고 다시 말했어요.
>
> "찬 바람을 쐬었더니 목이 쉬어서 그렇단다. 얼른 문 열어야지."
>
> 곰곰이 생각하던 **오누이**는 다시 말했어요.
>
> "그러면 이 문틈으로 손을 내밀어 보세요."
>
> 쑥! 호랑이는 털이 북슬북슬하고 커다란 앞발을 문틈으로 내밀었어요.
>
> "으악! 우리 엄마 손이랑 다르게 너무 크고, 털도 북슬북슬하잖아요."

걸걸하다 : 목소리가 좀 쉰 듯하면서 우렁차고 힘이 있는 걸 말해요.

오누이 : 오빠와 여자 동생을 말해요.

호랑이의 목소리는 어떠했나요?

① 가늘었어요.　　　　② 고왔어요.

③ 걸걸했어요.　　　　④ 작았어요.

2 호랑이의 앞발은 누구와 비교해 너무 컸나요?

① 오빠　　　　　　② 아빠

③ 엄마　　　　　　④ 여동생

3 '살이 찌고 털이 매우 많은 모양'으로 호랑이의 앞발을 어떻게 나타냈나요?

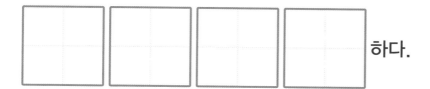

호랑이는 털이 ●●●● 하고 커다란 앞발을 문틈으로 내밀었어요.

하다.

다음 글을 읽고, 물음에 답하세요.

상상 미술관에서는 10월 10일부터 10월 28일까지 약 2주간 한국인의 표정을 담은 '탈'을 주제로 한 '전통과 현대의 만남전'이 전시될 예정입니다.

한지로 제작한 '봉산 탈'에서부터 바가지로 만든 '양주 별산대 탈', 여러 가지 재료를 이용한 창작 탈까지 다양한 탈을 만나 볼 수 있는데요.

탈마다 화려한 색깔과 모양 뒤에 기쁨, 슬픔, 즐거움, 사랑의 감정을 담아내고 있습니다.

이번 전시회는 탈에 담긴 옛사람들의 마음을 읽어 보는 소중한 시간을 선물해 줄 것입니다.

이상, 어린이 뉴스 최철수 기자였습니다.

한지 : 우리나라만의 방법으로 만든 종이. 닥나무 껍질을 재료로 만들어요.

1 '전통과 현대의 만남전'은 무슨 전시회인가요?

① 다양한 탈 전시회 　　② 탈 그림 전시회

③ 탈을 읽는 전시회 　　④ 탈을 판매하는 전시회

 2 전시회에서 만날 수 <u>없는</u> 탈은 무엇인가요?

① 바가지로 만든 탈 　　② 값비싼 보석으로 만든 탈

③ 한지로 제작한 탈 　　④ 다양한 재료를 이용한 탈

 3 전시회가 시작되는 요일과 끝나는 요일을 찾아보세요.

> 상상 미술관에서는 10월 10일부터 10월 28일까지 약 2주간 한국인의 표정을 담은 '탈'을 주제로 한 '전통과 현대의 만남전'이 전시될 예정입니다.

● 전시회 시작 요일 : 　　　　 요일

● 전시회 끝나는 요일 : 　　　　 요일

월	화	수	목	금	토	일
1	2	3	4	5	6	7
8	9	10	11	12	13	14
15	16	17	18	19	20	21
22	23	24	25	26	27	28
29	30	31				

一

일 (一)

하나, 일, 첫 번째를 뜻하고
일이라고 읽어요.

다음 낱말을 큰 소리로 읽어 보세요.

유일　제일　일단

일분　일일이

이 글자는 막대기를 옆으로 눕혀 놓은 모양이에요.

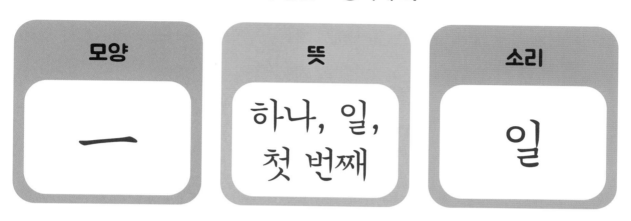

모양	뜻	소리
一	하나, 일, 첫 번째	일

쓰는 순서와 쓰기

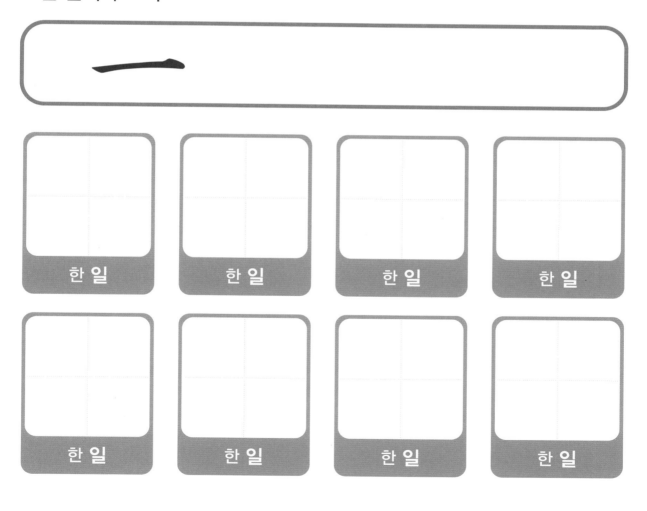

한 일   한 일   한 일   한 일

한 일   한 일   한 일   한 일

낱말에 일(一)이 숨어 있으면, 그 낱말에는 '하나, 일, 첫 번째'의 뜻이 들어 있어요.

낱말에 똑같이 들어 있는 글자에 동그라미 하세요.	낱말에 숨어 있는 같은 한자에 동그라미 하세요.
유일	유一
	오직 하나밖에 없음
제일	제一
	여럿 가운데서 첫째가는 것
일단	一단
	우선 먼저
일 분	一 분
	한 시(時)의 60분의 1, 1분
일일이	一一이
	일마다 모두

공통 글자는 무엇인지 써 보세요.	공통 한자는 무엇인지 써 보세요.

 일

一

한 일(一)이 숨어 있는 낱말에 동그라미 하고 써 보세요. (5개)

유일한 나의 형제, 형이 미국에서 왔다. 나는 형이 제일 좋다. 일단 그동안 못 했던 이야기를 실컷 했다. 그리고 신나게 놀았더니, 며칠이 일 분같이 휙 지나가 버렸다. 형! 한국에 올 때마다 동생인 내가 일일이 잘 챙겨 줄게. 공부 열심히 해!

기본 낱말 다시 배우기 (명사)

 **리**   서고 걷고 뛰는 일을 하는 몸의 부분

움직임을 나타내는 말 (동사)

◯◯ **다**   손으로 움키고 놓지 않다.

성질이나 상태를 꾸며 주는 말 (형용사)

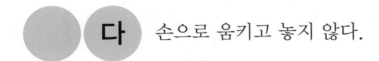 한 형은 우리 집에서 제일 먼저 일어난다.

부지런하다 : 일을 미루지 않고 꾸준하게 열심히 한다.

모양을 흉내 내는 말 (의태어)

누나는 고개를 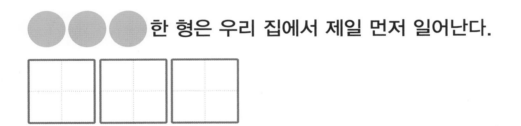 하며 알았다고 했다.

끄덕끄덕 : 고개를 아래위로 가볍게 계속 움직이는 모양

속담

 얼굴에 침 못 뱉는다. ➡ 좋게 대하는 사람에게 나쁘게 할 수 없다는 뜻이에요.

 얼굴에 침 못 뱉는다더니, 저렇게 웃고 있으니 혼내질 못하겠어.

습관적으로 쓰는 말 (관용어)

⬤ 에 잡힐 듯하다. ➡ 가깝고 또렷하게 보이다.

산꼭대기에 서니 구름이 ⬤ 에 잡힐 듯해!

글자만 같은 서로 다른 낱말 (동형어)

"배에 힘을 주고
크게 소리쳐 봐!" •

- 사람이나 동물의 몸에서 가슴과 엉덩이 사이
- 배나무의 열매
- 사람이나 짐을 싣고 물 위로 떠다니도록 만든 물건

'못'을 사용하여 밑줄 친 부분을 고쳐 써 보세요. (문법-부정 표현)

나는 어제 다리를 다쳐서 친구를 <u>만났다.</u>

➡ ....

오늘 한자

일(一) : 하나, 일, 첫 번째를 뜻하고
　　　　일이라고 읽어요.

3주

한눈에 보는
동작과 표현

몸　몸짓　움직임　표정　행동　어깨동무

악수　인사　춤　노래　이동　걷기　달리기

몸	사람이나 동물의 모양을 이루는 전체
어깨동무	상대편의 어깨에 서로 팔을 얹어 끼고 나란히 서는 것
악수	두 사람이 각자 한 손을 마주 내어 잡는 일
춤	음악에 맞추거나 흥에 겨워 팔다리와 몸을 움직여 뛰노는 동작
노래	가사에 곡을 붙여 목소리로 부르는 것
이동	움직여 옮기거나 움직여 자리를 바꿈

동작과 표현을 나타내는 말을 알아봅시다. (동사)

가다	오다	안다	구르다	뻗다
닿다	밟다	긁다	문지르다	묶다

구르다　선 자리에서 발로 바닥을 힘주어 치다.

뻗다　오므렸던 것을 펴다.

닿다　어떤 곳에 도착하다.

밟다　발을 대고 누르다.

긁다　손톱이나 뾰족한 것으로 문지르다.

문지르다　누르면서 밀거나 비비다.

이동과 몸짓은 각각 어떤 일을 하는지 따라 써 보세요.

가다			오다			닿다	

긁다			밟다			문지르다			

동작과 표현의 성질이나 상태를 꾸며 주는 말을 알아봅시다. (형용사)

좋다   마음에 들면서 기쁘고 만족스럽다.

싫다   마음에 들지 않다.

같다   다르지 않고 하나이다.

다르다   서로 같지 않다.

느슨하다   늘어져서 꼭 맞지 않다.

팽팽하다   힘 있고 곧게 펴져서 힘이 있다.

 어떤 말이 들어가야 할까요?

다르   **느슨**   **팽팽**   **좋아**

- "허리띠가   해서 바지가 흘러내릴 것 같아."

- 형과 나는 쌍둥이지만   게 생겼다.

- 아빠께서 내가   하는 아이스크림을 사 오셨다.

- "고무줄을   하게 잡아야 고무줄놀이를 할 수 있어."

한 문장 독해 _ 한 문장으로 된 글을 읽고, 물음에 답하세요.

> 내가 가장 좋아하는 과목은 음악이다.

1. 내가 가장 좋아하는 과목은 무엇인지 쓰세요.

....

> 나는 교실에 들어서자마자 친구들에게 큰 소리로 인사했다.

2. 나는 교실에 들어서자마자 무엇을 했나요?

> 인사 / 노래 / 청소

> 나는 준수와 어깨동무를 했다.

3. 나는 준수와 무엇을 했나요?

> 인사를 했어요. / 어깨동무를 했어요. / 축구를 했어요.

두 문장 독해 _ 두 문장으로 된 글을 읽고, 물음에 답하세요.

> 할아버지 댁 마당에서 강아지 미미와 놀았다.
> 미미는 멀리 뛰어갔다가도 내가 부르면 재빠르게 달려왔다.

1. 나는 누구와 놀았는지 쓰세요.

3주
2일

> "수민아, 아빠랑 달리기 시합할까?"
> "좋아요. 저기 보이는 나무에 손이 먼저 닿는 사람이 이기는 거예요."

2. 아빠와 수민이는 무엇을 했나요?

> 수영 시합 / 자전거 타기 / 달리기 시합 / 농구 시합

> 나는 운동화의 풀어진 끈을 밟고 넘어질 뻔했다.
> 형이 운동화 끈을 다시 단단히 묶어 주었다.

3. 나는 어떻게 될 뻔했나요?

> 운동화 끈을 밟고 넘어질 뻔했다.
> 끈을 다시 단단히 묶었다.
> 운동화의 묶인 끈을 풀었다.

세 문장 독해 _ 세 문장으로 된 글을 읽고, 물음에 답하세요.

나는 친구들과 운동장에서 고무줄놀이를 했다.
양쪽에서 고무줄을 팽팽하게 당겨서 다리에 걸고 그 사이를 뛰는 놀이이다.
느슨하게 잡아 고무줄이 땅에 닿으면 놀이를 할 수 없다.

1. 나는 친구들과 무엇을 했나요?

....

2. 고무줄은 어떻게 해서 다리에 걸어야 하나요?

....

3. 느슨하게 잡으면 고무줄이 어떻게 되나요?

....

모양을 흉내 내는 말 (의태어)

• 동생이  웃으며 부탁했다.

방글방글 : 입을 조금 벌리고 소리 없이 귀엽고 부드럽게 웃는 모양

• 혼자 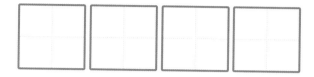 걷다가 퇴근하시는 아빠를 만났다.

터벅터벅 : 느릿느릿 힘없는 걸음으로 걸어가는 모양

• 잠에서 덜 깬 형이 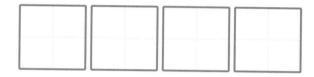 거실로 나왔어요.

비틀비틀 : 힘이 없거나 어지러워서 이리저리 쓰러질 듯이 걷는 모양

• 나는 크리스마스 선물을 받고 좋아서 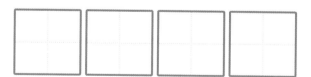 뛰었다.

폴짝폴짝 : 작은 것이 힘차면서 가볍게 뛰어오르는 모양

동작과 표현 _ 관계있는 속담

돌다리도 두들겨 보고 건너라.

잘 아는 일이라도 주의하라는 말이에요.

철수는 돌다리도 두들겨 보고
건너는 신중한 성격이야.

누울 자리 봐 가며 다리 뻗어라.

시간과 장소를 가려서 행동하라는 말이에요.

누울 자리 봐 가며
다리 뻗어야지.
도서관에선 조용히 해야 해.

동작과 표현 _ 관계있는 습관적으로 쓰는 말 (관용어)

소매를 걷다.

어떤 일에 아주 적극적이다.

3주
3일

영희는 학교 일이라면
소매를 걷고 나서는 친구다.

목에 힘을 주다.

남을 깔보는 태도로 잘난 체하다.

오빠는 반장이 되자
목에 힘을 주고 다녔다.

헷갈리기 쉬운 낱말 (맞춤법)

잃다 가졌던 물건이 없어져 이제 갖지 않고 있다.

잊다 알았던 것을 기억하지 못하다.

 잘못 쓰기 쉬운 낱말 (맞춤법)

나뭇가지 나무의 줄기에서 뻗어 나는 가지

나뭇가지 ○   **나무가지** ✕

- '잃다'와 '잊다'를 구분해 알맞은 말에 동그라미 해 보세요.

  "백화점에서 지갑을 **잃어버렸어** **잊어버렸어** ."

  "중요한 약속이었는데 **잃어버렸어** **잊어버렸어** ."

- 바르게 쓴 말에 동그라미 하세요.

  하얀 눈이 **나뭇가지** **나무가지** 위에 소복하게 쌓였다.

평서문을 만들어 보세요. (문법-종결형 문장)

> **평서문**은 어떤 일의 내용이나 자기 생각을 있는 그대로 전달하는 문장이고, 문장 부호는 마침표(.)를 써요.
>
> → **나는 어제 도서관에 갔다.**

누나는 아침 일찍 학교에 (갔다. / 갔니?)

→ ....

지훈이와 운동장에서 같이 (놀아라! / 놀았다.)

→ ....

형은 줄넘기를 정말 (잘한다. / 잘하는구나!)

→ ....

아기가 나를 보고 방긋 (웃어! / 웃었다.)

→ ....

다음 글을 읽고, 물음에 답하세요.

올해 동물 나라 잔치는 구름 위에서 열린다는 소식에, 땅에 사는 동물들은 무척 실망했어요.

"아이참, 우리가 날개가 있는 것도 아니고, 가고 싶어도 못 가잖아."

토끼, 너구리, 호랑이는 불만스럽게 웅성대었어요.

잔치에 꼭 가고 싶었던 토끼는 무슨 좋은 방법이 없을까 곰곰이 생각했지요.

'아! 잔치에 음악이 빠질 리가 없지! 독수리 임금님이 분명히 기타를 메고 날아가실 거야. 그때 기타 통 속에 몰래 숨어서 따라가야지!'

1 올해 동물 나라 잔치는 어디서 열리나요?

① 물속　　　　　　　　　② 땅 위
③ 구름 위　　　　　　　　④ 들판

2 땅에 사는 동물들은 왜 실망했을까요?

① 잔치에 참석하기 싫어서　　② 날개가 있지만 못 가서
③ 잔치에 늦어서　　　　　　④ 날개가 없으니 못 가서

3 '하늘을 나는 동물'과 '땅에 사는 동물'로 나누고, 수가 더 많은 쪽에 부등호를 표시해 보세요.

참새　너구리　기린　까치　사슴　독수리　호랑이　얼룩말　부엉이

더 적은 동물　<　더 많은 동물

땅에 사는 동물 : (　)마리　　하늘을 나는 동물 : (　)마리

다음 글을 읽고, 물음에 답하세요.

산에 가면 이제는 보기 힘든 모습이 있는데, 그것은 바로 두 손을 입 양쪽에 모아서 크게 "야호!"를 외치는 사람들이다.

우렁차게 산이 대답하는 메아리를 기대하며 외쳐 보지만 듣기 힘들다.

도대체 그 신기하고 정겹던 메아리가 사라져 버린 이유는 뭘까?

바로 나무가 울창한 숲 때문이다.

메아리는 숲이 우거진 곳에선 살지 못한다.

숲이 소리를 **흡수**해 버리기 때문이다.

나무가 많지 않은 산이어야 소리가 반사되어 메아리가 잘 들린다.

흡수 : 빨아서 거두어들이는 것을 말해요.

사람들이 크게 "야호!"를 외치는 이유는 무엇인가요?

① 메아리를 들으려고   ② 나무를 심으려고

③ 옆 사람이 듣게 하려고   ④ 목소리가 작아서

 메아리는 어떤 산에서 더 잘 들릴까요?

① 나무가 많은 산   ② 숲이 우거진 산

③ 사람들이 많은 산   ④ 나무가 많지 않은 산

 '소리의 울림이 매우 크고 힘차다.'라는 뜻으로, 산이 대답하는 메아리의 소리를 어떻게 나타냈나요?

●●차게 산이 대답하는 메아리를 기대하며 외쳐 보지만 듣기 힘들다.

 차다.

심(心)   마음을 뜻하고
심이라고 읽어요.

 다음 낱말을 큰 소리로 읽어 보세요.

열심 점심 호기심

조심 결심

이 글자는 사람이나 동물의 심장을 그린 모양이에요.

모양	뜻	소리
心	마음	심

쓰는 순서와 쓰기

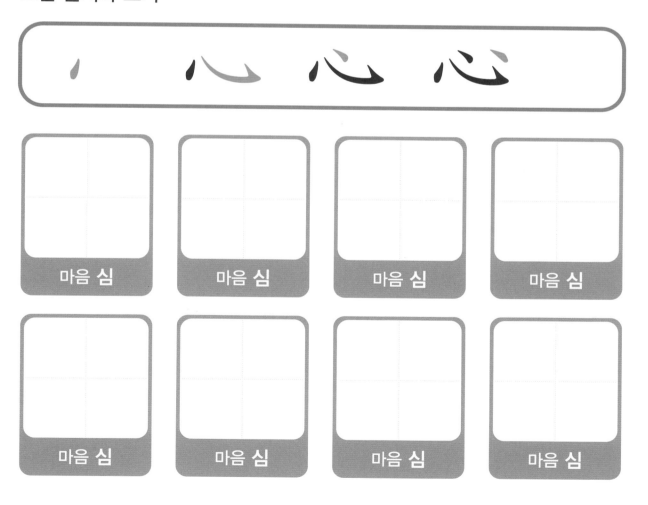

낱말에 심(心)이 숨어 있으면 그 낱말에는 '마음'의 뜻이 들어 있어요.

낱말에 똑같이 들어 있는 글자에 동그라미 하세요.	낱말에 숨어 있는 같은 한자에 동그라미 하세요.
열심	열心 어떤 일에 정성을 다해 힘씀
점심	점心 낮에 먹는 식사
호기심	호기心 새롭고 신기한 것을 좋아하거나 모르는 것을 알고 싶어 하는 마음
조심	조心 잘못이나 실수가 없도록 말이나 행동에 마음을 씀
결심	결心 할 일에 대하여 어떻게 할지 마음을 굳게 정함

공통 글자는 무엇인지 써 보세요.	공통 한자는 무엇인지 써 보세요.

마음 심(心)이 숨어 있는 낱말에 동그라미 하고 써 보세요. (5개)

열심히 공부한 후 점심을 먹고 잠시 쉬면서 재미있는 것이 없을 까 둘러보았다. 그러다 마당의 계단에서 한 발로 설 수 있을지 호기심이 생겼다. 조심했지만 넘어지고 말았다. 다치지는 않았 어도 위험한 장난은 하지 않기로 결심했다.

☐심 / ☐심 / ☐심

☐☐심 / ☐심

기본 낱말 다시 배우기 (명사)

어 ⬤ 동 무   상대편의 어깨에 서로 팔을 얹어 끼고
나란히 서는 것

움직임을 나타내는 말 (동사)

⬤ 다   발을 대고 누르다.

성질이나 상태를 꾸며 주는 말 (형용사)

형과 나는 쌍둥이지만 ⬤⬤게 생겼다.

다르다 : 서로 같지 않다.

모양을 흉내 내는 말 (의태어)

동생이 ⬤⬤⬤⬤ 웃으며 부탁했다.

방글방글 : 입을 조금 벌리고 소리 없이 귀엽고 부드럽게 웃는 모양

속담

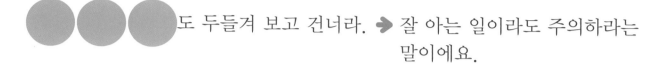

도 두들겨 보고 건너라. ➡ 잘 아는 일이라도 주의하라는
말이에요.

철수는 ⬤⬤⬤ 도 두들겨 보고 건너는 신중한 성격이야.

습관적으로 쓰는 말 (관용어)

⬤⬤ 를 걷다. ➡ 어떤 일에 아주 적극적이다.

영희는 학교 일이라면 ⬤⬤ 를 걷고 나서는 친구다.

헷갈리기 쉬운 낱말과 잘못 쓰기 쉬운 낱말 (맞춤법)

"백화점에서 지갑을 **잃어버렸어** **잊어버렸어** ."

하얀 눈이 **나뭇가지** **나무가지** 위에 소복하게 쌓였다.

평서문을 만들어 보세요. (문법-종결형 문장)

지훈이와 운동장에서 같이 (놀아라! / 놀았다.)

➡

오늘 한자

심(心) : **마음**을 뜻하고 **심**이라고 읽어요.

心 ▢ ▢

한눈에 보는

마음과 성격

사랑   행복   즐거움   기쁨   슬픔   명랑   정직

성실   겸손   얌전   욕심   질투   고집   후회   공포

사랑	어떤 사람이나 존재를 몹시 아끼고 소중히 여기는 마음
기쁨	하고 싶은 것을 했을 때의 흐뭇하고 만족한 마음이나 느낌
슬픔	슬픈 마음이나 느낌
겸손	남을 위해 주고 자기를 내세우지 않는 태도
욕심	지나치게 무엇을 탐내거나 누리고자 하는 마음
후회	잘못을 알고 자신을 스스로 꾸중하는 마음

마음과 성격을 나타내는 말을 알아봅시다. (동사)

사랑하다	미워하다	웃다	울다	부끄러워하다
화내다	당황하다	양보하다	포기하다	우쭐대다

사랑하다 몹시 아끼고 소중하게 여기다.

웃다 기분이 좋아서 얼굴을 활짝 펴거나 소리를 내다.

부끄러워하다 바르지 못한 생각이나 행동으로 떳떳하지 못하게 생각하다.

당황하다 놀라거나 급해서 어쩔 줄을 모르다.

포기하다 하려던 일을 도중에 그만둬 버리다.

우쭐대다 만족한 마음을 자꾸 뽐내다.

 사랑과 화는 각각 어떤 일을 하는지 따라 써 보세요.

사랑하다

양보하다

화내다

미워하다

웃다

울다

마음과 성격의 성질이나 상태를 꾸며 주는 말을 알아봅시다. (형용사)

기쁘다	마음이 흐뭇하고 만족하다.
슬프다	마음이 아프고 괴롭다.
행복하다	큰 만족과 기쁨을 느끼다.
고맙다	남이 베풀어 준 친절한 마음과 도움에 기쁘다.
불쌍하다	가엽고 슬픈 마음이 들다.
얌전하다	성격이나 행동이 조용하고 단정하다.

 어떤 말이 들어가야 할까요?

슬픈	행복	얌전	고마

• 동생은 어린데도 식당에서　　　　　　　하게 앉아 있다.

• "내 생일인 오늘은 정말　　　　　　하구나!"

• "어제　　　　　　영화를 보다가 펑펑 울어 버렸어."

• "정우야, 보건실에 같이 가 줘서　　　　　　워."

한 문장 독해 _ 한 문장으로 된 글을 읽고, 물음에 답하세요.

나는 오늘 반장으로 뽑혀서 우쭐한 기분이 들었다.

1. 나는 반장이 되어 어떤 기분이 들었는지 쓰세요.

....

나는 주말에 영화관에서 슬픈 영화를 보고 펑펑 울었어요.

2. 영화관에서 어떤 영화를 보았나요?

슬픈 영화 / 신나는 영화 / 무서운 영화

내가 다리를 다쳤을 때 친구가 가방을 들어 줘서 정말 고마웠다.

3. 친구에게 어떤 마음이 들었나요?

미안했어요. / 즐거웠어요. / 고마웠어요.

두 문장 독해 _ 두 문장으로 된 글을 읽고, 물음에 답하세요.

> 나는 만화책을 좋아한다.
> 공부를 끝내고 재미있는 만화책을 보면 행복하다.

1. 나는 공부를 끝내고 무엇을 보면 행복한지 쓰세요.

. . . .

> "민수야, 오늘 숙제를 가져오지 않아서 당황했지?"
> "응. 선생님께서 내일까지 가져오라고 하셔서 다행이었어."

2. 민수는 숙제를 가져오지 않아서 어떤 기분이었나요?

> 즐거운 기분 / 자랑스러운 기분 / 당황한 기분 / 행복한 기분

> 추운 겨울에 골목에서 새끼 고양이 한 마리가 벌벌 떨고 있었다.
> 나는 불쌍해서 우리 집으로 데려와 따뜻하게 목욕시켜 주었다.

3. 나는 고양이를 보고 어떤 마음이 들었나요?

> 귀여웠어요.
> 불쌍했어요.
> 귀찮았어요.

세 문장 독해 _ 세 문장으로 된 글을 읽고, 물음에 답하세요.

> 엄마가 예쁜 장갑을 두 개 사 오셨는데, 분홍색과 노란색이었다.
> 나도 동생도 분홍색 장갑을 갖고 싶어 해서 내가 양보하였다.
> 사랑하는 동생이 좋아하는 걸 보니 내 마음도 기뻤다.

1. 엄마는 장갑을 몇 개 사 오셨나요?

   ....

2. 내가 갖고 싶었던 장갑은 무슨 색인가요?

   ....

3. 동생이 좋아해서 내 마음은 어땠나요?

   ....

소리를 흉내 내는 말 (의성어)

- 형은 아직 화가 덜 풀려서 ⬤⬤ 대고 있었다.

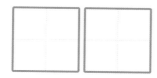

씩씩 : 숨을 매우 가쁘고 거칠게 내는 소리

- 친구의 어이없는 농담에 나는 ⬤⬤ 웃었다.

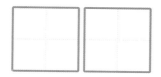

피식 : 입술을 힘없이 벌리며 싱겁게 한 번 웃을 때 나는 소리

- 나는 영화가 너무 슬퍼서 큰 소리로 ⬤⬤ 울었다.

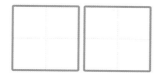

엉엉 : 목을 놓아 크게 우는 소리

- 술래가 다가오자 가슴이 ⬤⬤⬤⬤ 뛰었다.

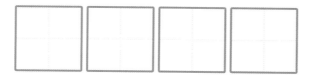

콩닥콩닥 : 가슴이 자꾸 세차게 뛰는 소리나 그 모양

개구리 올챙이 적 생각 못 한다.

처음부터 잘한 것처럼 뽐낸다는 말이에요.

오빠는 개구리 올챙이 적
생각 못 하고 아는 척을 했다.

가랑잎에 불붙듯

작은 일에 쉽게 화를 잘 내는 것을 뜻해요.

너는 가끔 가랑잎에
불붙듯 화를 내곤 하더라.

마음과 성격 _ 관계있는 습관적으로 쓰는 말 (관용어)

마음에 차다.

마음에 만족하게 생각하다.

완성된 그림이
마음에 차게 그려졌어!

맺힌 데가 없다.

성격이 꽁하지 않고 물렁하다.

누나는 맺힌 데가 없이
잘 웃고 밝은 성격이다.

고유어와 외래어

고유어

 **마음**   사람이 본래부터 지닌 성격

  사랑   어떤 사람이나 존재를 몹시 아끼고 귀중히
여기는 마음

외래어

 **리더십**   leadership : 무리를 다스리거나 이끌어 가는 능력

• 고유어와 외래어를 바르게 써 보세요.

우리 언니는 착한   을 가진 사람이다.

어머니의   은 끝이 없다.

반장의 뛰어난   으로 체육 대회 연습을 금방 끝냈다.

94

'이어 주는 말'을 사용하여 문장을 만들어 보세요. (문법-접속 부사)

> 그래서   그러면   그리고   하지만

내가 좋아하는 과일은 딸기, 수박 (   ) 복숭아이다.

➜ ....

나는 방금 동생과 싸웠다. (   ) 기분이 좋지 않다.

➜ ....

언니가 영화를 보고 울었다. (   ) 금방 눈물을 그쳤다.

➜ ....

"신나는 음악을 들어 봐. (   ) 기분이 좋아질 거야."

➜ ....

다음 글을 읽고, 물음에 답하세요.

다정하고 따뜻했던 카이는 눈과 심장에 악마의 거울 조각이 박힌 후 달라졌습니다.

단짝 친구인 겔다와 함께 정성스럽게 키우던 꽃밭을 망가뜨리고, 사람들에게 심술궂은 말을 내뱉기도 했어요.

하늘에서 커다란 눈송이가 떨어지던 어느 겨울날, 아름다운 눈의 여왕이 카이를 찾아왔어요.

"마음이 차갑고 얼음 같은 카이야, 나와 함께 얼음 왕국으로 가자."

사라져 버린 카이는 하루, 이틀, 사흘, 나흘이 지나도 돌아오지 않았어요.

1 카이가 달라진 이유는 무엇인가요?

① 원래 심술쟁이였기 때문에

② 눈과 심장에 악마의 거울 조각이 박혀서

③ 눈의 여왕을 만나서

④ 단짝 친구인 겔다 때문에

2 카이가 사라진 계절은 언제일까요?

> 하늘에서 커다란 눈송이가 떨어지던 어느 겨울날, 아름다운 눈의 여왕이 카이를 찾아왔어요.

① 봄   ② 여름

③ 가을   ④ 겨울

 3 순우리말을 숫자로 읽어 보세요.

> 사라져 버린 카이는 하루, 이틀, 사흘, 나흘이 지나도 돌아오지 않았어요.

➡ 하루, 이틀, 사흘, 나흘 → (   )일, (   )일, 3일, (   )일

다음 글을 읽고, 물음에 답하세요.

전시장에는 1미터가 넘는 AI 로봇의 거대한 머리 일곱 개가 놓여 있고, 사람들은 이들과 대화를 나눌 수 있다.

말을 걸면 저마다의 목소리로 대답한다.

관객을 쳐다보고, 눈알을 굴리며 웅성대는 AI 로봇들은 사람과 비슷해서 신기하다.

질문에 대한 대답은 친절하고 똑똑하며 재미있다.

때로는 관객의 마음을 뭉클하게 하기도 하는데, 친구나 가족보다도 더 내 마음을 잘 이해하는 대화를 이어 가기 때문이다.

AI(Artificial Intelligence, 인공 지능) : 인간이 본래 가지고 있는 학습 능력, 생각하고 상상하는 능력을 컴퓨터를 이용해 만들어 내는 컴퓨터 과학의 한 분야를 말해요.

AI 로봇의 특징이 <u>아닌</u> 것은 무엇인가요?

① 저마다의 목소리로 대답합니다.

② 관객을 쳐다보기도 합니다.

③ 전시장을 뛰어다니기도 합니다.

④ 친절하고 똑똑하게 말합니다.

2 **AI 로봇들이 관객의 마음을 뭉클하게 하는 이유는 무엇인가요?**

4주

4일

① 목소리가 친절해서

② 똑똑하며 재미있는 대답을 해서

③ 쳐다보고 눈알을 굴리며 웅성대니까

④ 내 마음을 잘 이해하는 대화를 이어 가기 때문에

3 **'여러 사람이 모여 소란스럽게 떠들거나, 그런 소리가 자꾸 나는 것'을 어떻게 나타냈나요?**

관객을 쳐다보고, 눈알을 굴리며 대는 AI 로봇들은 사람과 비슷해서 신기하다.

| | | 대다.

生

생(生) 나다, 살다를 뜻하고
생이라고 읽어요.

 다음 낱말을 큰 소리로 읽어 보세요.

동생 생생 생활

인생 평생

이 글자는 땅 위로 새싹이 돋아나는 모양이에요.

모양	뜻	소리
生	나다. 살다.	생

쓰는 순서와 쓰기

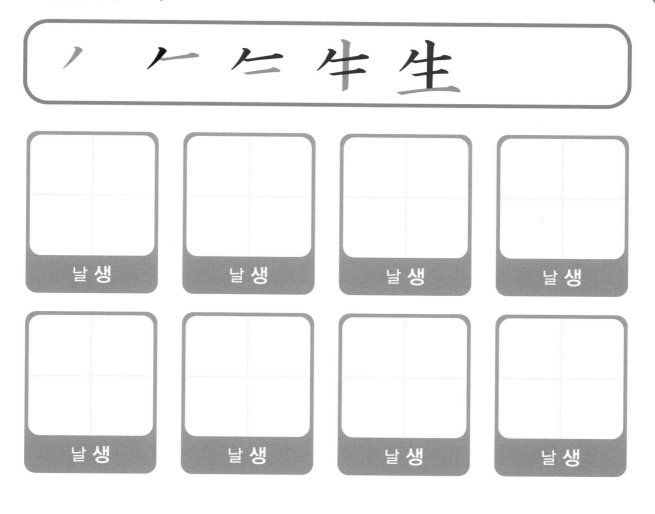

낱말에 생(生)이 숨어 있으면 그 낱말에는 '나다. 살다.'의 뜻이 들어 있어요.

낱말에 똑같이 들어 있는 글자에 동그라미 하세요.	낱말에 숨어 있는 같은 한자에 동그라미 하세요.
	동生
동생	같은 부모에게서 태어난 사이거나, 나이가 많은 사람이 나이가 적은 사람을 정답게 부르는 말
	生生
생생	눈앞에 보이듯이 또렷함
	生활
생활	사람이나 동물이 활동하며 살아가는 것
	인生
인생	사람이 세상을 살아가는 일
	평生
평생	세상에 태어나서 죽을 때까지의 동안

공통 글자는 무엇인지 써 보세요.	공통 한자는 무엇인지 써 보세요.

4주
5일

꼬물꼬물 기어다니는 아기였던 동생 모습이 생생한데, 의젓하게 자라서 집에서는 물론 학교생활도 잘하는 동생이 기특하다. 형제는 내 인생에서 평생 친구처럼 서로 의지하고 사랑하며 지낼 사이라 생각하면 동생이 더 소중하게 느껴진다.

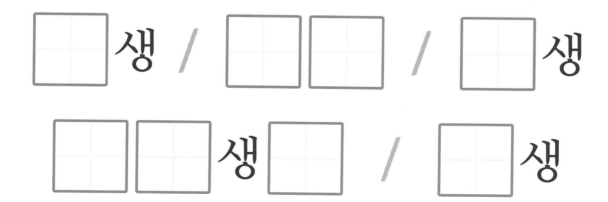

기본 낱말 다시 배우기 (명사)

 어떤 사람이나 존재를 몹시 아끼고 소중히 여기는 마음

움직임을 나타내는 말 (동사)

 기분이 좋아서 얼굴을 활짝 펴거나 소리를 내다.

성질이나 상태를 꾸며 주는 말 (형용사)

"내 생일인 오늘은 정말 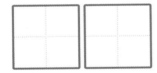하구나!"

행복하다 : 큰 만족과 기쁨을 느끼다.

소리를 흉내 내는 말 (의성어)

나는 영화가 너무 슬퍼서 큰 소리로 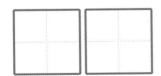 울었다.

엉엉 : 목을 놓아 크게 우는 소리

104

속담

개구리 ⚪⚪⚪ 적 생각 못 한다. ➜ 처음부터 잘한 것처럼 뽐낸다는 말이에요.

오빠는 개구리 ⚪⚪⚪ 적 생각 못 하고 아는 척을 했다.

습관적으로 쓰는 말 (관용어)

⚪⚪ 데가 없다. ➜ 성격이 꽁하지 않고 물렁하다.

누나는 ⚪⚪ 데가 없이 잘 웃고 밝은 성격이다.

고유어와 외래어

반장의 뛰어난  으로 체육 대회 연습을 금방 끝냈다.

'이어 주는 말'을 사용하여 문장을 만들어 보세요. (문법-접속 부사)

"신나는 음악을 들어 봐. (   ) 기분이 좋아질 거야."

➜ ....

오늘 한자

생(生) : 나다, 살다를 뜻하고 생이라고 읽어요.

정답

1주

15p 어떤 말이 들어가야 할까요?
큰, 작, 조용, 재미있

16p 한 문장 독해
1. 1학년 3반   2. 약속   3. 숨바꼭질

17p 두 문장 독해
1. 강아지 인형   2. 화해
3. 여러 친구와 사귀게 되었다.

18p 세 문장 독해
1. 냥냥이
2. 기분이 나쁠 수도 있으니까
3. 싸울 뻔했다.

22p 여러 가지 뜻을 가진 낱말 (다의어)
2, 3, 1

23p 뒤죽박죽 섞여 있는 글을 바른 순서로 써 보세요. (문법-어순)
저는 커서 훌륭한 의사가 되고 싶어요.
가장 친한 친구의 생일은 10월 10일이다.
나는 친구들과 그네가 있는 놀이터에서 놀았다.
나는 매일 한 시간씩 재미있는 책을 읽는다.

25p 한 문단 독해 1 (우화, 동화)
1. ②   2. ③   3. 어두컴컴

27p 한 문단 독해 2 (지식글)
1. ④   2. ③   3. 80

30p 낱말에 똑같이 들어 있는 글자에 동그라미 하세요.

30p 낱말에 숨어 있는 같은 한자에 동그라미 하세요.
人

31p 사람 인(人)이 숨어 있는 낱말에 동그라미 하고 써 보세요. (5개)
(등장)인(물) (주)인(공) (위)인 (노)인 인(간)

확인 학습   32p ~ 33p

친, 태, 조용, 도란도란, 바늘, 바늘, 한마음, 한마음

저는 커서 훌륭한 의사가 되고 싶어요.
人, 人

2주

39p **어떤 말이 들어가야 할까요?**

가벼, 무거, 게으르, 부지런

40p **한 문장 독해**

1. 맨 앞줄 2. 안경

3. 무거운 짐을 들었다.

41p **두 문장 독해**

1. 사촌 동생 2. 음악 듣기

3. 얼굴을 찡그렸다.

42p **세 문장 독해**

1. 알록달록한 꽃들

2. 다양하고 향기로운 꽃향기

3. 꽃밭

46p **글자만 같은 서로 다른 낱말 (동형어)**

1, 3, 2

47p **'못'을 사용하여 밑줄 친 부분을 고쳐 써 보세요. (문법-부정 표현)**

나는 어제 다리를 다쳐서 친구를 못 만났다.

"배탈이 나서 밥을 못 먹었더니 배가 고파."

"입술을 다쳐서 크게 웃지 못하겠어."

"장미꽃의 가시 때문에 손으로 못 잡겠어요."

49p **한 문단 독해 1 (우화, 동화)**

1. ③ 2. ③ 3. 북슬북슬

51p **한 문단 독해 2 (지식글)**

1. ① 2. ② 3. 수요일, 일요일

54p **낱말에 똑같이 들어 있는 글자에 동그라미 하세요.**

(일)

54p **낱말에 숨어 있는 같은 한자에 동그라미 하세요.**

(一)

55p **한 일(一)이 숨어 있는 낱말에 동그라미 하고 써 보세요. (5개)**

(유)일 (제)일 일(단) 일 (분) 일일(이)

확인 학습 56p ~ 57p

다, 잡, 부지런, 끄덕끄덕, 웃는, 웃는, 손, 손

나는 어제 다리를 다쳐서 친구를 못 만났다.

一, 一

3주

63p 어떤 말이 들어가야 할까요?

느슨, 다르, 좋아, 팽팽

64p 한 문장 독해

1. 음악   2. 인사
3. 어깨동무를 했어요.

65p 두 문장 독해

1. 강아지 미미   2. 달리기 시합
3. 운동화 끈을 밟고 넘어질 뻔했다.

66p 세 문장 독해

1. 고무줄놀이   2. 팽팽하게 당겨서
3. 땅에 닿는다.

**70p 헷갈리기 쉬운 낱말과 잘못 쓰기 쉬운
낱말 (맞춤법)**

잃어버렸어, 잊어버렸어, 나뭇가지

**71p 평서문을 만들어 보세요. (문법–종결형
문장)**

누나는 아침 일찍 학교에 갔다.
지훈이와 운동장에서 같이 놀았다.
형은 줄넘기를 정말 잘한다.
아기가 나를 보고 방긋 웃었다.

73p 한 문단 독해 1 (우화, 동화)

1. ③   2. ④

3. 땅에 사는 동물: 5마리(너구리, 기린, 사슴,
호랑이, 얼룩말)
하늘을 나는 동물: 4마리(참새, 까치, 독수리,
부엉이)
땅에 사는 동물 쪽으로 〉

75p 한 문단 독해 2 (지식글)

1.①   2.④   3.우렁

78p 낱말에 똑같이 들어 있는 글자에 동그라미 하세요.

78p 낱말에 숨어 있는 같은 한자에 동그라미 하세요.

**79p 마음 심(心)이 숨어 있는 낱말에 동그라미 하고
써 보세요. (5개)**

(열)심 (점)심 (조)심 (호기)심 (결)심

확인 학습 80p ~ 81p

깨, 밭, 다르, 방글방글, 돌다리, 돌다리, 소매,
소매, 잃어버렸어, 나뭇가지
지훈이와 운동장에서 같이 놀았다.
心, 心

4주

87p **어떤 말이 들어가야 할까요?**
얌전, 행복, 슬픈, 고마

88p **한 문장 독해**
1. 우쭐한 기분　　2. 슬픈 영화
3. 고마웠어요.

89p **두 문장 독해**
1. 만화책　　2. 당황한 기분
3. 불쌍했어요.

90p **세 문장 독해**
1. 두 개　　2. 분홍색　　3. 기뻤다.

94p **고유어와 외래어**
마음, 사랑, 리더십

95p **'이어 주는 말'을 사용하여 문장을 만들어
보세요. (문법–접속 부사)**
내가 좋아하는 과일은 딸기, 수박 그리고 복
숭아이다.
나는 방금 동생과 싸웠다. 그래서 기분이 좋지
않다.
언니가 영화를 보고 울었다. 하지만 금방 눈
물을 그쳤다.
"신나는 음악을 들어 봐. 그러면 기분이 좋아
질 거야."

97p **한 문단 독해 1 (우화, 동화)**
1. ②　　2. ④　　3. 1일, 2일, 4일

99p **한 문단 독해 2 (지식글)**
1. ③　　2. ④　　3. 웅성

102p **낱말에 똑같이 들어 있는 글자에 동그라미 하세요.**

102p **낱말에 숨어 있는 같은 한자에 동그라미 하세요.**

103p **날 생(生)이 숨어 있는 낱말에 동그라미 하고
써 보세요. (5개)**
(동)생　(생생)　(인)생　(학교)생(활)　(평)생

확인 학습　104p ~ 105p

랑, 옷, 행복, 엉엉, 올챙이, 올챙이, 맺힌, 맺힌,
리더십
"신나는 음악을 들어 봐. 그러면 기분이 좋아질 거야."
生, 生